RAPPORT

SUR LE

VOYAGE EN ESPAGNE

Extrait du Bulletin archéologique de Tarn-et-Garonne

RAPPORT

SUR LE

VOYAGE EN ESPAGNE

Par PAUL FONTANIÉ

MEMBRE DE LA SOCIÉTÉ.

MONTAUBAN,

IMPRIMERIE ET LITHOGRAPHIE FORESTIÉ, RUE DU VIEUX-PALAIS.

—

1892.

RAPPORT

SUR LE

VOYAGE EN ESPAGNE

MESSIEURS,

Lorsque l'imagination bâtit au hasard du rêve ces châteaux fantastiques où les illusions viennent se réfugier, c'est
toujours sous le ciel d'Espagne, en plein azur, qu'il lui
plaît de les asseoir, sans qu'on ait jamais pu connaître les
raisons de cette longue préférence.

C'est en Espagne aussi, qu'aux beaux jours du roman-
tisme Victor Hugo a trouvé ses plus belles *Orientales*,
qu'Alfred de Musset a vécu ses contes, Mérimée glané ses
nouvelles, et Gauthier, enrichi son style éblouissant d'un
coloris merveilleux. — Mais tous, artistes et poètes, ont
peut-être moins chanté l'Espagne telle qu'elle est, que l'Espagne de leur rêve, avec ses traditions, ses légendes, ses
mœurs, ses costumes, avec sa couleur locale enfin, qui de
nos jours tend à disparaître et à se fondre dans la tonalité
sans relief des mœurs cosmopolites.

1.

Par bonheur, l'Espagne a des monuments moins chimériques que ses *Castillos en el aïre*, et des souvenirs moins légendaires que ceux dont la poésie et l'art ont évoqué la magie.

On ne s'étonnera donc point que la Société archéologique, curieuse par devoir et par nature, voyageuse par inclination, ait songé à l'Espagne et promené dans la Péninsule, à l'occasion de ses Noces d'argent, une bonne partie de sa famille.

Le voyage terminé, il m'eût été particulièrement agréable de vous faire partager cette douce illusion, qu'essayait de communiquer à son frère *Le Pigeon* de Lafontaine :

> « Mon voyage depeint
> « Vous sera d'un plaisir extrême. »

Mais il fallait y renoncer pour bien des raisons ; et si, par impossible, « vous y croyez être vous-même, » Messieurs, c'est que votre bienveillance aura, cette fois encore, ajouté à l'ébauche ce qui lui manquait pour être un tableau fidèle.

Nous partons donc de Montauban, le 18 septembre, au nombre de vingt-huit [1], et nous entrions dès le lendemain en Espagne par Irun, non sans avoir salué la France qui s'éloignait rapidement à l'horizon, tandis qu'un gai soleil, compagnon habituel de nos excursions, perçait la brume matinale. Saint-Sébastien, Tolosa, la ville des sérénades, Hernani, au souvenir romantique, s'enfuient à leur tour dans le paysage qui se renouvelle incessamment, car jusqu'à Burgos c'est une succession ininterrompue de tranchées, de tunnels, de vallées fertiles et de coteaux riants.

---

[1] Nous avons retrouvé à Madrid les excursionnistes qui n'avaient pu partir de Montauban en même temps que leurs confrères, et nous étions dès lors au nombre de trente-six.

A Miranda, nous entrons dans la vieille Castille, et l'Ébre, chanté si souvent par les poètes, se montre pour la première fois. A partir de ce point, la vallée se resserre de plus en plus entre deux montagnes, et le spectacle devient saisissant et grandiose. A Pancorbo la voie ferrée, la route de terre, le village et les maisons occupent 50 mètres au plus, entre deux murs de granit pareils à des bras de Titans prêts à vous étreindre. Ce sont les gorges les plus sauvages et les plus étrangement pittoresques de l'Espagne. C'est du haut de ces rochers calcinés et nus que l'armée française contraignit Wellington à changer de route. Enfin nous arrivons à Burgos.

BURGOS.

Deux guides nous attendaient: l'un, M. le chanoine Marquez, délégué par Mgr Manuel, archevêque de Burgos, l'autre, délégué par l'Alcade. Il était tard quand nous entrâmes dans la capitale de la vieille Castille. Mais comme un grand souvenir plane sur Burgos, comme l'ombre du Cid semble se projeter encore sur sa ville natale, c'est par les ruines de la maison de don Rodrigo Diaz de Bivar que nous commençâmes nos visites. Le soleil alors descendait rapidement à l'horizon.

Et le soir, après la longue course de la journée, nous pûmes jouir du délicieux spectacle qu'offre la promenade de l'Espolon, inondée de lumière, où le tout Burgos élégant et pittoresque se donne rendez-vous sous les grands arbres qui abritent les statues des rois de la vieille Castille.

Le lendemain matin nous visitions la cathédrale, ce magnifique monument du XIVe siècle. Je ne peux étudier,

comme elle le mériterait, cette basilique, prodigieuse efflo-
rescence de l'art gothique ; mais notre excellent confrère,
M. de Coste, vous la décrira avec une compétence d'archéologue et une délicatesse d'artiste, qualités auxquelles
la Société a rendu souvent hommage. Et ce n'est point une
tâche facile d'étudier et de mettre en relief les beautés et
les richesses de ce temple où tout attire, où tout captive,
où les stalles de Philippe de Bourgogne, de 1512, sont
enchâssées dans les grilles monumentales de Christobal de
Andino, de 1523, où la Passion de Jésus-Christ, sculptée
dans le marbre le plus rare par ce même Philippe de
Bourgogne, saisit l'âme comme le plus poignant des drames,
même après les sculptures de la chapelle du connétable
Dom Pedro Fernandez Velasco, où l'œil s'égare dans un
inextricable enlacement de feuillages, de fleurons et de
dragons extravagants. Le regard se perd dans cet amas
de clochetons à formes coniques, à flèches dentelées, dans
ces faisceaux de piliers grêles, dans tous ces contreforts,
dans toute cette masse à laquelle une population de statues de saints, d'archanges, d'apôtres, de moines et de rois
donnent l'illusion de la vie.

Nous ne pouvions consacrer que quelques instants à
chacun des édifices qui devaient se partager notre matinée :
la casa de Miranda, de la belle époque de la Renaissance ;
la casa del Cordon. Il était même déjà tard quand nous
fûmes reçus par M. l'Alcade de Burgos et par Monseigneur l'Archevêque. Ce prélat, après un souhait de bien-
venue qui nous charma tous, voulut bien nous donner
l'autorisation de visiter le monastère cloîtré de las
Huelgas.

Notre matinée n'avait pas été perdue, et, comme
Titus, mais plus tôt que lui, nous pouvions nous reposer.
C'est autour de la table que nous échangeâmes nos im-

pressions. Puis, quand vint le moment des toasts, ce fut
pour nous une véritable joie d'applaudir celui où notre
Président, en rappelant brièvement les gloires de Burgos,
louait les délicates attentions et la charmante réception de
Monseigneur l'Archevêque et de M. l'Alcade. M. le chanoine
Marquez répondit en faisant des vœux pour le succès de
notre voyage, et M. l'Alcade porta le dernier toast à la
France, à son armée [1], et au triomphe de la religion chez
les deux nations sœurs. Vous savez, Messieurs, avec quel
enthousiasme fut accueilli ce discours, où l'expression d'un
sentiment patriotique très élevé s'alliait au témoignage d'une
foi ardente se manifestant avec une éloquente et généreuse conviction.

Nous allons visiter, aussitôt après le dîner, la Chartreuse
de Miraflores. M. Tierny vous dira la quantité de chefs-
d'œuvre renfermés dans la chapelle. Les tombeaux de Dom
Juan II et de la reine Isabelle, sa seconde femme, éton-
nent par la délicatesse et la perfection de la sculpture.
A travers les figures allégoriques et les groupes d'apôtres et d'évangélistes, des guirlandes de feuillages et de
rameaux s'entrelacent, et les arabesques serpentent autour
de ce bloc d'albâtre. Les stalles sont un fouillis de sta-
tuettes, de nervures, de colonnettes et de pendentifs d'une
telle finesse, que l'on reste émerveillé devant ces capricieuses
fantaisies. De ces cloîtres silencieux, de ces cours déser-
tes, de ces jardins, de ces cellules, de toute cette solitude
montent des pensées calmes, toutes faites de confiance et
de renoncement. Nous remercions le Père prieur, Français enseveli depuis dix-sept ans dans ces murs que les
bruits du monde ne franchissent pas, et nous courons au
couvent de las Huelgas.

[1] L'armée française était représentée parmi les excursionnistes par M. le
général Dusan, le commandant Quévillon, le capitaine Poussy, le lieute-
nant Ucay.

Il fut fondé à la fin du XIIe siècle par Alphonse VIII, le vainqueur des Mores à la bataille de las Navas de Tolosa, et, dès sa fondation, destiné à recevoir 100 religieuses nobles des premières maisons d'Espagne. C'est un monument artistique très remarquable, tant par son style que par les œuvres qu'il renferme, et nous avons regretté de n'avoir pu lui consacrer tout le temps qu'il aurait fallu pour le visiter dans ses détails.

Cette journée du dimanche avait été bien remplie. En France, elle eût suffi à notre activité. Mais nous sommes en Espagne où les lieues de route comptent double, à la différence des heures qui s'envolent avec d'autant plus de rapidité que les charmes de la compagnie en accélèrent le cours. Nous partons de Burgos à 5 heures du soir pour n'arriver à Avila qu'à 2 heures du matin.

AVILA.

Avila n'est pas seulement la patrie de sainte Thérèse et la ville des couvents fondés par elle: c'est l'imposante place forte du Moyen-Age, la vieille cité féodale du XIIIe siècle, bâtie sur un mamelon isolé, enserrée encore dans sa large ceinture de remparts en granit, percée de neuf portes, avec ses soixante-six tours massives. Ses fortifications étaient considérées comme les plus belles du Moyen-Age; elles donnent à la ville un caractère de grandeur sombre. Mais il semble qu'avec les dangers des sièges soutenus, l'animation et le tumulte des gens de guerre qui encombraient ses places, aient aussi disparu le mouvement et la vie même de la cité moderne. Les rues étroites et tortueuses, les maisons grises et basses donnent à la ville un aspect froid et triste.

M. l'Alcade d'Avila qui nous reçut avec une charmante bonhomie, voulut bien nous montrer les objets fort intéressants que renferme la *casa del Ajuntamiento*, et nous faire accompagner par l'architecte de la ville. Grâce à cette direction sûre et bienveillante, nous pûmes en très peu de temps visiter quelques couvents, la belle cathédale du XII° siècle et l'église Saint-Vincent, au milieu de laquelle se dresse le beau sarcophage de saint Vincent d'Avila, entouré d'une grille en fer forgé du XIII° siècle.

M. Baudon de Mony qui avait déjà étudié le couvent de la Huelgas, vous soumettra aussi (le cumul n'étant point interdit chez nous) un travail complet sur cette ville intéressante pour l'archéologue et toute pleine des pieux souvenirs de la Sainte, qui en est la gloire la plus pure.

Nous sortons d'Avila par la porte occidentale pour prendre le train qui doit nous conduire à Madrid.

D'Avila à Madrid la voie s'élève sans cesse, et les travaux d'art qu'elle a nécessités sont nombreux et remarquables. Les plateaux incultes et déserts alternent avec des montagnes de granit. Ce sont les premiers contreforts de la Sierra de Guadarrama. Nous apercevons bientôt après l'Escurial. Cet énorme entassement de granit se détache très nettement à l'horizon avec ses dômes, ses tours carrées et sa façade vraiment imposante. Puis la grande plaine de Madrid commence, inculte, déserte, labourée, semble-t-il, par une armée de Titans, qui auraient soulevé des blocs de granit cachés sous la terre ; mais le soleil qui descend rapidement à l'horizon nous cache bientôt toute cette nudité pleine de tristesse, tous ces espaces déserts qu'il faut franchir avant d'entrer dans la capitale de l'Espagne.

MADRID.

Ou bien Victor Hugo n'avait point vu Madrid, et alors il en parlait en poète plus soucieux de la rime et de ses exigences que de la vérité, ou bien sa raillerie est injuste, lorsque pour faire ressortir les beautés particulières à chaque ville d'Espagne, il termine ainsi l'une de ses strophes :

> Compostelle a son saint ; Cordoue, aux maisons vieilles,
> A sa mosquée, où l'œil se perd dans des merveilles ;
> Madrid a le Manzanarès.

Mais il ne s'en suit pas que vivre sur les bords de ce ruisseau métaphysique, constitue, d'après le proverbe espagnol, la félicité parfaite.

> Madrid
> N'a mérité
> Ni cet excès d'honneur, ni cette indignité.

Il n'y a point de ville, même en Espagne, sur laquelle l'imagination des chroniqueurs et des historiens se soit exercée avec plus de verve et de complaisance. Que des lames de métal, portant des caractères à demi effacés, soient trouvées sous les fondements d'un vieil édifice, cela suffit à l'esprit inventif de Jean Lopez de Hoyos pour affirmer que les caractères sont Chaldéens, et que l'arc de Sainte-Marie a dû être construit par Nabuchodonosor lui-même, grand amateur, comme chacun sait, de constructions babyloniennes.

Et le *Calendrier officiel* semble confirmer cette fable, en répétant que l'an de grâce 1888 correspond à l'an 4057 de la fondation de Madrid.

Ce n'est point cette fabuleuse antiquité qui séduisit Philippe II, quand, abandonnant Tolède, il choisit Madrid pour capitale. Il pensait plutôt qu'à un royaume nouveau il fallait une capitale nouvelle, dont la position centrale répondît aux exigences de son gouvernement. C'est de ce choix du fils de Charles-Quint que surgit la cité moderne.

Deux visites nous y ont particulièrement intéressés : l'une, à l'Armeria Real ; l'autre, au Musée de peinture.

Nous devons à la gracieuse obligeance de M. de Menneval, premier secrétaire d'ambassade de France, qui avait bien voulu nous accompagner, d'avoir pu visiter, tous ensemble, et non pas groupes séparés, cette belle collection d'armes de toutes les époques, conservées et entretenues avec un soin jaloux. On croit voir, en entrant, revivre la vieille Espagne chevaleresque et guerrière. Au milieu de la salle, et rangées dans d'élégantes vitrines, sont les armures de guerre et de tournoi de Philippe II, de Charles-Quint, de don Juan d'Autriche et de François Iᵉʳ. En face se déroule l'étendard que portait don Juan d'Autriche à la bataille de Lépante.

Dans les vitrines de droite sont rassemblées les collections de lances, de javelots, de pistolets, de mousquets, de sabres de tous les styles, au milieu desquels ressort l'épée de Gonzalve de Cordoue. A côté de ces pièces historiques, auxquelles succèdent des bijoux en or du IIIᵉ et IVᵉ siècles, des offrandes visigothes et des étoffes recueillies dans des cercueils arabes, figurent des armes dont l'authenticité ne paraît pas indiscutable ; l'épée de Roland, par exemple, dont les *Grandes Chroniques* font mention. « Et son frère Bauldoin, disent-elles, fait signe d'approcher, qui bénist l'arme de lui, son cor, son cheval et son espée print, et s'en alla droict à l'ost de Charlemagne ; » à moins que Ganelon, traître une seconde fois..., ou que Bauldoin lui-même... Je clos le champ des hypothèses, dont nous ne sortirions pas encore s'il fallait décider quelle est celle des trois épées du Cid que nous avons vue : la *Colada*, la *Joyosa* ou la *Tizona ?* Nous quittâmes l'Armeria avec ce doute dans l'esprit. Mais jamais obsession ne fut moins tyrannique et moins persistante que celle-là.

Pour nous rendre au Musée de peinture nous traversons la Puerta del Sol. C'est la principale place de Madrid, le point central, le cœur, pour ainsi dire, où viennent aboutir les grandes artères de la capitale, dont les principales sont les calles d'Atocha et d'Alcala. Ce n'est ni une porte, ni un passage, c'est encore moins, comme le prétend Edmondo de Amicis, « à la fois un salon, une promenade une académie, une place d'armes et un jardin, » où viennent causer les dames du grand monde, à moins, ajouterai-je, que toute la flore féminine madrilène se réduise à l'espèce dite des belles de nuit. Mais c'est là surtout qu'on peut se rendre compte de la curiosité sans but et du besoin de la vie en plein air de ce bon peuple espagnol, auquel le soleil, la cigarette et les courses suffisent largement.

Le Musée est dû à l'initiative de Ferdinand VII, qui résolut de réunir en une seule collection les chefs-d'œuvre dispersés dans les palais et les résidences royales. Il est situé sur la promenade du Prado. C'est ce Musée, qui beaucoup mieux que la Puerta del Sol, le Palatio Réal ou le Prado lui-même, constitue la gloire de Madrid. « Je voudrais l'avaler tout entier, écrivait Henri Regnault à son père, car c'est le plus riche qu'il y ait au monde. » Les Raphaël, les Véronèse, les Rubens et les Rembrandt y abondent. Mais si les écoles italienne, flamande, hollandaise et française y sont largement représentées, c'est l'école espagnole qui y compte le plus grand nombre de tableaux. Velazquez y a son œuvre presque toute entière, Velazquez le peintre des sujets graves, hardis et grandioses, pouvant étaler le luxe et la pompe des cours royales, et sachant, s'il le faut, se courber pour entrer dans la chaumière, en fixer la misère et détailler la laideur. Tout ému encore des flatteries aimables de son royal ami Philippe IV, il peint les *Fileuses*, le *Buveur* et les *Forgerons*, après les *Méninas* et les portraits de Philippe IV et du duc d'Olivarès. Ne l'a-t-on pas appelé le grand d'Espagne de la peinture? Ribera vient à son tour, excellant à peindre un ange et à reproduire les plus horribles détails d'une scène de martyre. Grand coloriste, mais naturaliste avant tout, il a la touche large et harmonieuse. Il crée le *Martyre de saint Barthélemy* après un horrible cauchemar, et entrevoit l'*échelle* de *Jacob* dans une heure de mysticisme. Puis Zurbaran, le peintre des moines et des rigueurs de l'ascétisme. A-t-il entrevu lui aussi la vision de saint Pierre Nolasque? et son *Sujet mystique* ne l'a-t-il pas vécu? Quant à Murillo, nous le retrouverons à Séville, où un homme de goût et de savoir, artiste lui-même, nous le fera comprendre et admirer dans la plus belle manifestation de son génie.

Tous ces chefs-d'œuvre ont lassé notre admiration, et sur ce point mon silence se justifie assez par la certitude où je suis de trahir vos impressions en essayant de les rappeler.

Du Musée de peinture à l'Escurial, la transition est difficile. Je ferai donc l'économie d'une transition et du palais de Ferdinand VII nous passerons au monument de Philippe II.

ESCURIAL.

Il fut, vous le savez, Messieurs, bâti cinq ans après la bataille de Saint-Quentin, et, disent les uns, pour l'accomplissement d'un vœu fait à saint Laurent, dont l'église avait été bombardée pendant le siège ; en souvenir du glorieux martyr espagnol, disent les autres : l'Église célébrait sa fête le jour de la bataille (10 août 1557).

« On y trouve à chaque pas, dit un voyageur du siècle dernier (Mme d'Aulnoy, je crois) l'instrument de supplice de saint Laurent On a représenté des grils partout : on y voit des grils en sculpture, des grils peints, des grils de fer, des grils de bois, de marbre, de stuc ; des grils sur les portes, dans les cours, dans les croisées et dans les galeries. Jamais un instrument de supplice ne fut honoré en tant de manières. Quant à moi, je ne vois plus de gril sans songer à l'Escurial. »

C'est de l'exagération ; jamais gril ne fut moins apparent, et s'il est vrai que le monument lui-même affecte cette forme, ce n'est pas de loin, mais des hauteurs du dôme que l'on pourrait s'en convaincre.

Nous avons parcouru rapidement cet immense palais, et je cite au hasard du souvenir les salles affectées à la maison de Charles III, toutes tendues de fines et délicates tapisseries d'après les cartons de Goya et de Téniers, la galerie des batailles qui nous conduit à l'appartement occupé par Philippe II. Sa nudité et sa tristesse contrastent avec les salles élégantes et coquettes où Charles III, ce protecteur éclairé des arts, aimait à réunir les hommes de lettres et les artistes de son royaume.

Dans la chapelle se trouvent les deux beaux groupes de Charles V et de Philippe II, et dans la sacristie, l'autel où la *Santa Forma* attire notre attention. Des bas-reliefs en marbre blanc, d'une très grande finesse, représentent la sainte Hostie foulée aux pieds par les hérétiques, recueillie par Rodolphe II, empereur d'Allemagne, et envoyée à Philippe II.

Dans la bibliothèque, qui est la partie la plus belle et

la plus intéressante, on remarque le bréviaire d'Isabelle la Catholique et ceux de Philippe II, un manuscrit de l'Alcoran du XIIIe siècle, l'évangéliaire de Conrad, empereur d'Allemagne, et enfin une bible, en texte hébreu, du VIIIe siècle.

Le comte de Gironde nous ramènera dans ce monument sombre, sépulcre colossal façonné à la volonté, sinon à la taille de cette majesté inquiète.

Le lendemain de cette visite nous partions pour Tolède.

TOLÈDE.

Tolède est une merveille de situation, de lumière et de pittoresque. A ses pieds serpente le Tage, que le poète, pour le distinguer sans doute des autres fleuves de la Péninsule, qualifie de *piscosus*. Quand on a gravi le mamelon isolé sur lequel elle est assise, l'œil s'arrête avec une curiosité étonnée sur la ligne immense des remparts qui l'entourent, et dont quelques parties remontent au VIIIe siècle. Tolède fut l'un des principaux centres de la Celtibérie, et après avoir appartenu successivement aux Romains, aux barbares du Nord, aux Goths et aux Arabes, elle devint sous Alphonse Ier le poste avancé des royaumes espagnols. En 1212, les armées de Castille, d'Aragon et de Navarre en firent leur grande place d'armes, d'où elles partirent pour aller livrer à Mohamed-el-Nahrn, la célèbre bataille de las Navas de Tolosa ; et jusqu'au règne de Philippe II elle resta la capitale de la Nouvelle-Castille.

Tolède, a-t-on dit, n'est plus que le Panthéon des gloires espagnoles, portant au front la tristesse des majestés disparues.

Nous entrons dans la ville par la *Puerta del Sol*, véritable porte de forteresse, celle-là, chef-d'œuvre de l'architecture arabe, conservée intacte, comme au temps de la domination des Mores. Et quelques instants après nous étions réunis sur la place de la Constitution. Il est à remarquer que chaque ville d'Espagne a sa plaza de la Constitution, quelques-unes même ont cru devoir y ajouter une *plazuela* ou petite place du même nom, le peuple espagnol voulant ainsi prouver aux autres et peut-être à lui-même qu'il avait lui aussi sa Constitution.

C'est de cette place que nous partons pour visiter la ville. Nous traversons un dédale de ruelles, où s'entassent des maisons sans air et sans lumière, mais sur lesquelles on trouve des sculptures d'une délicatesse extraordinaire. A toutes les portes, bardées de lames de métal et garnies d'une profusion de clous, on voit deux *aldabones* ou heurtoirs d'un travail inconcevable. Les balcons, les grilles des fenêtres se contournent, s'épanouissent en volutes, en fleurons, et tout ce fer est festonné et ajouré comme une dentelle. Nous avons visité, montant et descendant tour à tour, à l'ombre des larges toits qui se rejoignaient presque sur nos têtes, le couvent de Saint-Clément, la synagogue de Samuel Lévy, le cloître de l'École des Beaux-Arts, enfin et surtout cette belle cathédrale, l'une des plus intéressantes et des plus riches de l'Espagne. Ce fut en 1227 que saint Ferdinand en jeta les fondements, mais elle ne fut achevée que 250 ans plus tard. De solides contreforts, une cuirasse de pierre de taille ne préparent nullement à la grandiose impression qu'on éprouve dans l'enceinte de cette église. Nous y entrons par la porte du Nord, après avoir franchi la magnifique grille en fer forgé, commandée en 1493 par le cardinal de Mendoza aux plus habiles serruriers de Tolède. Vous n'attendez pas, Messieurs, une étude complète sur cette cathédrale. Elle dépasserait les limites fixées à ce rapport, réduit à n'effleurer que les points principaux ; *summa sequor vestigia rerum*. Mais notre savant confrère, M. Carrère de Maynard s'est chargé de ce soin, et ce sera tout profit pour chacun. Vous pourrez ainsi vous rappeler mieux les richesses et la magnificence de ce temple ogival. Les stalles sont fouillées d'une manière admirable ; le rétable du maître-autel est un composé extraordinaire d'ornements, d'attributs symboliques, de statues d'un effet saisissant ; la salle capitulaire est d'une magnificence royale, et dans les sacristies l'on conserve précieusement les innombrables ornements de brocart, de toiles d'or frisé, de broderies incomparables, des châsses de vermeil et des guipures d'une délicatesse inimitable. Tout cela éblouit, et l'on y pense encore, même après avoir admiré les merveilles artistiques du trésor, cet incomparable ostensoir tout en or massif, pesant 120 kilos, découpé, ciselé par un ouvrier de génie, ce manteau de la Vierge, tout resplendissant de ses 85,000 perles, de ses diamants, de ses rubis et de ses améthystes, et enfin cette statue en bois de saint François d'Assise, chef-d'œuvre de François de Ména, cet élève qui fit mieux que son maître Alonzo Cano, que toute l'Europe artistique a admirée, et qu'aucun musée du monde n'a pu ravir aux vigilants chanoines de Tolède.

En sortant nous sommes un moment arrêtés devant une petite pierre blanche, sur laquelle la Vierge se posa, dit la tradition, quand elle vint apporter à saint Ildefonse la sainte Chasuble.

Nous quittons Tolède et la nouvelle Castille pour entrer dans l'Andalousie. C'est vers Cordoue que nous nous dirigeons. Le pays que nous traversons est sauvage sans être pittoresque. C'est la Manche, immense plateau de sable ou de pierre, décharné, écorché par le granit, sans culture et sans habitation ; terre maudite, semble-t-il, où toute végétation est brûlée en naissant, et qui rappelle la parole du Prophète : « *Mentielur opus olivæ, et arva non afferent cibum,* » et pour mieux éclairer ces espaces désolés, un soleil étouffant sans une haleine, brûlant la plaine sans limites où se livra la bataille de las Navas de Tolosa. Aux environs de Cordoue, des bois d'oliviers au feuillage pâle reposent un instant la vue, et c'est toute la végétation que peuvent donner ce ciel et ce climat.

Nous fûmes, en arrivant à Cordoue, largement dédommagés : et il m'est particulièrement agréable de rappeler avec quelle gracieuse sollicitude M. José Sanchez Munoz, vice-consul de France, avait préparé notre réception. Il attendait notre caravane à la gare, et c'est sous sa direction que nous commençâmes nos visites.

CORDOUE.

Cordoue, a-t-on dit, est un véritable musée d'antiquités, et cette affirmation est exacte. Théâtre des dissensions de César et de Pompée, mise à sac par l'un et par l'autre, relevée et prospère sous Trajan et Adrien, foyer des Lettres et des Beaux-Arts avec Lucain et les deux Senèques, elle a conservé de cette première époque des fragments de murailles, des vestiges de temple et des statues remarquables. Si l'on en croit Silius Italicus elle est assez riche pour fournir à Annibal des secours en argent ; contre la Rome conquérante et cupide.

Nec decus auriferæ cessavit Corduba terræ [1].

Plus tard, et dès les premiers pas de l'invasion arabe, elle devient la capitale de l'Islam, elle acquiert bientôt un

---

[1] Silius Italicus, *Poème sur la 2ᵉ guerre punique.*

renom égal à celui de Bagdad par la splendeur de ses palais, le luxe de ses mosquées et la gloire de ses artistes et de ses savants, Abdérame y construit sa mosquée dix ans après la bataille de Poitiers, et Averroès, le savant commentateur d'Aristote, y mourra quelques années avant d'avoir vu sa patrie ruinée par la bataille de las Navas de Tolosa.

Elle devint alors la résidence de saint Ferdinand, d'Alphonse X et de Pierre-le-Cruel; en quelques années ses monuments disparaissent, ses ruines s'accumulent et sa splendeur s'évanouit à jamais.

Cordoue est assise aux pieds de la Sierra Morena, qui la protège de son ombre, au bord du Guadalquivir. Ce n'est point la ville du Moyen-Age comme Tolède; elle a un caractère tout particulier, qu'aucune autre ville ne saurait lui disputer. Ses ruelles, constamment silencieuses, n'ont rien qui rappelle les mœurs et les habitudes générales. Trois personnes peuvent à peine marcher de front sur ces dalles de marbre d'une exquise propreté. C'est, par excellence, la ville des *patios*. Chaque maison, pauvre ou riche, a le sien, élégant, somptueux ou simplement peint de couleurs éclatantes. Tout le mouvement, tout l'intérêt de la vie semblent s'être retirés dans ces cours où toute la famille se réunit, tant le lieu est propice à la conversation ou à la rêverie. Un mince jet d'eau qui retombe dans sa vasque de marbre, entretient la fraîcheur dans ces retraites, dont la coquetterie, le silence et le demi jour qui descend à travers un *tendido,* font, suivant la pittoresque expression de l'un de nos confrères, de véritables reposoirs de famille.

Nous fûmes, dès notre arrivée, reçus par le Président de l'Académie des Beaux-Arts, qui voulut bien nous faire visiter le Musée archéologique, tout rempli d'objets d'origine romaine, arabe ou gothique. Notre soirée fut entièrement consacrée à courir à travers la ville. M. le vice-consul

2.

nous engagea à voir les belles foires qui se tiennent à cette époque sur le boulevard, et certes le spectacle était intéressant : des baraques en plein air, des danses où se développaient à l'aise la grâce et la coquetterie andalouses, la musique, le bruit, la joie de vivre enfin, tout cela se voyait et se sentait dans cette promenade, en cette soirée où, pour rappeler Gauthier : « jamais nuit plus belle et plus sereine n'enveloppa le globe dans son manteau de velours bleu. » La visite de la mosquée nous prit toute la matinée du lendemain. Nous y entrâmes par la porte du *Pardon*, qui donne accès sur le Patio de *las Narangas*. Trois chanoines, délégués par le Chapitre, nous y attendaient. Cette mosquée, avec ses 800 colonnes de marbre blanc, cause une impression étrange. « Il vous semble plutôt marcher dans une forêt plafonnée, dit Gauthier, que dans un édifice, et de quelque côté que vous vous tourniez, votre œil s'égare à travers des allées de colonnes qui se croisent et s'allongent à perte de vue, comme une végétation de marbre spontanément jaillie du sol. Le mystérieux demi-jour qui règne dans cette futaie ajoute encore à l'illusion. » Elle fut placée sous l'invocation de la Vierge le 29 juin 1236, mais en 1523 le Chapitre résolut de transformer la mosquée en cathédrale, et au milieu du chef-d'œuvre d'Abdérame s'éleva le chœur actuel.

M. l'abbé Schall vous racontera les différentes péripéties des luttes qui survinrent entre le Chapitre et le corps municipal, et les regrets tardifs de Charles-Quint qui avait autorisé cette mutilation. Nous visitâmes aussi, avant de sortir, le trésor de la cathédrale, qui renferme des objets d'un prix inestimable et d'une grande valeur artistique.

Nous quittons Cordoue dans la soirée, emportant le meilleur souvenir du gracieux accueil qui nous y avait été fait, et une vive impression du caractère si curieux de l'ancienne capitale des Califes, et nous partons pour Grenade.

Pour la première fois nous traversons une plaine fertile, sillonnée de petits cours d'eau, qu'ombragent les peupliers et les saules, et derrière lesquels se cache le petit hameau de Montilla, la patrie de Gonsalve, le grand capitaine. A Antequera nous assistons à la réception de l'évêque de Malaga. Une musique le salue, puis des prêtres, des chanoines, des séminaristes, des religieux de la Merci précèdent le prélat, que reçoit l'Alcade, tandis que cinquante gendarmes à cheval ouvrent la marche. Le cortège se déroule dans une longue avenue de cactus et d'aloës, brûlée par un soleil de feu. Et puis la nuit se fait rapidement sur ce paysage, qui devient de plus en plus pittoresque à mesure que nous nous enfonçons dans les contreforts de la Sierra Nevada.

Il est nuit lorsque nous arrivons à Grenade. Un Français nous y attendait, et quel guide plus sûr pouvions-nous rencontrer que ce vice-consul de France, homme aimable, obligeant et spirituel. Si M. Grenier m'entendait, il me répondrait peut-être que ces qualités il les partage avec tous les consuls de France en Espagne. Disons donc, pour ne pas blesser sa modestie, que si depuis seize ans il vit de la vie espagnole et parle le plus pur Castillan, il n'a point cessé de penser en Français. On le comprit bien le soir même, lorsque, se levant après M. le Président, qui venait de boire à sa santé, ému, heureux de se trouver enfin avec un tel nombre de compatriotes, il donna libre cours à ses larmes, en buvant à la France, « à la terre des grands souvenirs, des grands hommes et des grandes choses. »

GRENADE.

Grenade n'a point une antique origine comme Tolède, ni une gloire de neuf siècles comme Cordoue. Ce n'est qu'au

VIII° siècle, un an à peine après la bataille du Guadalète,
que Théodomir, l'un des chefs vaincus, se réfugia derrière
ses montagnes, et jusqu'au XII° siècle ses chefs se conten-
tèrent de prendre rang parmi les émirs et les petits rois
de Murcie, d'Alméria et de Badajoz ; mais après la bataille
de las Navas de Tolosa, les familles dispersées des musul-
mans se réfugièrent dans les grottes de l'Albaycin, et les
débris du califat d'Abdérame se rencontrèrent dans la ville
aux trois collines. Ce fut la dernière période de la domination arabe en Espagne. Quelque temps après, Mohamet-
Abn-al-Hamar posait les premières assises de l'Alhambra.
A ce nom toutes les beautés et toutes les splendeurs de
la vieille Grenade semblent surgir des ruines dans toute
la fraîcheur et l'éclat du premier jour, et le soir, quand
on se promène sous les grands arbres, qui forment une voûte
d'émeraude, au pied de la colline où le fantastique palais
cache les fondements des tours massives qui s'enfoncent
dans la nuit, les vers du poète qui l'a le mieux chanté,
nous reviennent en l'esprit :

> Alhambra ! Alhambra ! palais que les Génies
> Ont doré comme un rêve et rempli d'harmonies,
> Forteresse aux créneaux festonnés et croulants,
> Où l'on entend, la nuit, de magiques syllabes,
> Quand la lune, à travers les mille arceaux arabes,
> Sème les murs de trèfles blancs.

Avec ces créneaux qui se détachent en dents de scie,
au bruit du vent qui murmure dans les cyprès gigantes-
ques, le vieux passé évanoui semble revivre, et, l'imagination aidant, nous pouvons nous figurer le valeureux more
Gazul et la douce Lindaraja se cherchant dans l'ombre,
ou le fier Aben-Amar berçant de sa mélopée plaintive le

rêve de la belle Galiana, dans le mystère de la nuit em-
baumée par les lauriers-roses et les orangers en fleurs.

> Et l'on dit que les vents suspendent leurs haleines
> Quand, par un soir d'été, Grenade, dans ses plaines,
> Répand ses femmes et ses fleurs.

Par cette soirée d'été, Grenade avait, en effet, répandu
ses fleurs et ses femmes. Lindaraja et Galiana nous appa-
rurent dans ces allées sombres, mais sous la figure de deux
vieilles gitanos, aux habits sordides, à la figure de sorcière,
qui demandèrent inutilement de lire notre avenir dans les
lignes de notre main.

Vous me pardonnerez, Messieurs, d'évoquer ces souvenirs
indignes de votre attention. Je me les reprocherais d'avan-
tage si vous ne deviez connaître de l'Alhambra que les
charmes de son passé poétique, et si M. le commandant
Quévillon ne devait mettre en relief plus précis les beautés
du palais de Boabdil. C'est sa tâche. Elle convient à ce
confrère distingué, dont le souvenir est resté cher à tous
ceux qui avaient l'honneur de le connaître, et dont la longue
absence n'a fait que doubler les joies d'un retour trop
fugitif.

M. Mariano Contreras, architecte, chargé de la restau-
ration de l'Alhambra, nous dirigeait dans notre visite avec
la plus parfaite compétence et la meilleure grâce.

Faut-il l'avouer, notre déception fut un peu grande quand
nous pûmes voir, dans la matinée, ces tours lézardées, ces
murs d'enceinte croulants, ces ruines. Quoi! n'est-ce que
cela, les tours *vermeilles?* Quoi! cette ruine, c'est la tour
de la *Vela?* et cette *Porte du Jugement*, penchée sur le
gouffre qui semble lui donner le vertige et l'attirer à lui
par une sorte de fascination? Et cette porte du *vin,* à quel

besoin répondait-elle ? Mais vienne le moment où nous serons descendus de ces tours, où nous aurons visité ces cours et ces salles, et alors nous serons absolument éblouis par la splendeur que nous cachaient ces ruines : salle des Abencerages, salle des Ambassadeurs, salle des deux Sœurs, cour de myrthes, cour des Lions, quel magnifique épanouissement de la fantaisie arabe, et quel extraordinaire enchevêtrement de dessins. Qu'on se figure alors les étoffes, les tentures, les tapis, les parfums brûlant dans les vases d'albâtre, tandis que soleil dardait ses rayons sur les trente-sept tours de ce merveilleux palais, expliquant à lui seul le point culminant de sept siècles de culture artistique. Du haut de la tour de la Vela, l'immense et fertile plaine de la Vega se déroule à l'Occident, jusqu'aux pieds de la *Sierra Nevada;* à nos pieds est accroupie la ville aux maisons éblouissantes de blancheur ; au Nord, la colline de l'*Albaycin*, les grottes du *Sacramonte,* et au Levant les jardins du *Généralife,* et tout ce paysage inondé de ce soleil éclatant dans un ciel vêtu d'azur. *El cielo de Andalucia esta vestido de azul.*

Nous avions encore à visiter la cathédrale, renfermant les tombeaux des rois catholiques, de Philippe-le-Beau d'Autriche et de Jeanne la Folle, placés dans la chapelle royale ; la Chartreuse, l'hôpital de Saint-Jean de Dieu, l'église Saint-Jérôme, où est enterré Gonzalve de Cordoue, et où nous avons vu le magnifique rétable en bois doré de Berruguete, le plus beau peut-être de tous ces rétables que l'Espagne compte par milliers.

De Grenade à Séville on traverse les plaines les plus fertiles de l'Andalousie, séparées par des espaces déserts et incultes. Des maisons de campagne très coquettes, cachées dans un pittoresque fouillis d'arbres, avec leurs terrasses et leurs balcons fleuris, des bois d'orangers et des massifs de lauriers-roses, des parcs où les aloès ouvrent leur éventail, où les cactus cachent le tronc des hauts palmiers, annoncent l'approche de Séville.

SÉVILLE.

Comme pour Tolède, Madrid et d'autres villes d'Espagne, l'imagination et la fantaisie des chroniques ont prêté à Séville des origines fabuleuses. Elle fut, dit-on, fondée par Hercule lui-même, et cette affirmation ne date pas d'hier, puisque César fit bâtir en souvenir de ce dieu une porte dédiée à sa fille Macarena, dont elle garde encore le nom. Mais Séville peut se passer de tous ces souvenirs mythologiques. Après l'occupation romaine elle tomba sous le joug arabe et devint la capitale d'un royaume indépendant. Après 1212 elle fut la résidence d'Alphonse-le-Sage, et servit de théâtre au règne sanglant et agité de Pierre-le-Cruel. De toutes les civilisations qui lui apportèrent leurs bienfaits elle a conservé des monuments et des souvenirs impérissables, sur lesquels rayonne le grand nom de saint Ferdinand.

Fernandi nomen splendit ut astra poli.

Jalouse de conserver intact l'héritage de gloire de sept siècles, elle s'efforce d'en augmenter la splendeur. Elle a son Académie des Beaux-Arts, fondée par Murillo, enfant de Séville, comme Velazquez, comme Herrera, son Université, ses chaires, autour desquelles se presse un public lettré et délicat.

Dans cette ville élégante, savante et artistique, nous

devions avoir pour guides des artistes et des savants : don José Gestoso y Pérès, le savant archiviste de Séville, dont il s'est constitué le fidèle et infatigable historien, M. Boutelou, président de la Commission des monuments historiques et directeur du Musée, don Fernan Caballero del Infante, directeur du Musée archéologique, M. Daguerre d'Hospital, un Français, qui connaît et qui aime Séville. Tous dissertent sur l'histoire, les beaux-arts et les monuments de leur ville en un français correct, élégant même, devant un auditoire heureux d'entendre parler ainsi, au cœur de l'Andalousie, cette langue française, cette langue des hommes, plus belle, quoiqu'en ait dit Charles-Quint, que la langue des dieux.

C'est en leur compagnie que nous nous promenâmes de l'Alameda de Hercules au faubourg de Triana, et du Salon de Christina à l'hôpital de la Caritad, fondé par le célèbre don Juan de Marrana. Quelles délicieuses choses nous avons vues, depuis ces élégants patios fleuris, dont le parfum discret nous arrivait à travers ces grilles d'un travail et d'une délicatesse extraordinaires, jusqu'à ces promenades au nom poétique, où les bancs de marbre se cachent à l'ombre des orangers ou sous les grands palmiers d'Orient qui inclinent sur eux leur disque d'un vert pâle ! Et cette rue de las *Sierpes*, aux larges dalles de marbre blanc, où les voitures ne passent pas, où l'on n'entend qu'un joyeux bourdonnement, où la gaieté, la grâce, la pétulance et la coquetterie sévillanes se déploient dans un cadre merveilleux d'élégance. Mieux encore qu'à Grenade, c'est à Séville qu'on peut appliquer le proverbe espagnol : A celui que Dieu aime, il a permis de vivre à Séville. *A quien Dios lo quiso bien, en Grenado le dio de comer.*

Croyez-en, Messieurs, notre excellent confrère le comte de Gironde : il ne pourra point exagérer les charmes de

Séville, pas plus que les beautés de sa Giralda, de sa cathédrale et de son Musée. La Giralda, quel poète ne l'a chantée, quel historien ne l'a étudiée, quel archéologue n'en a décrit la gracieuse et imposante construction. Elle resplendit du triple rayonnement de l'art, de la poésie et de la foi. Car c'est la foi qui brille à son sommet, toute scintillante dans l'azur, dominant la plaine illimitée du Guadalquivir, comme pour attester le triomphe définitif de la religion du Christ sur le sol même tout jonché des ruines de l'Islamisme.

Et quant à cette cathédrale, la plus vaste, la plus grandiose de toutes les églises gothiques, nous ne pûmes en voir que ce qu'un gigantesque échafaudage ne nous cachait point. Car une partie de la voûte s'est effondrée, et toute une masse de charpentes, de cintres et d'étançons interrompt encore la perspective de ses cinq nefs. Mais il est impossible même de se rappeler et de décrire la quantité de trésors accumulés dans les sacristies, dans les salles capitulaires, dans le baptistère, dans la chapelle royale. Nous étions fatigués d'admirer, lorsqu'au moment de sortir le *Saint-Antoine de Padoue* nous arrête encore. C'est l'extase divine dans son expression la plus complète et la plus suave. « Qui n'a pas vu le Saint-Antoine de Padoue, dit Gauthier, ne connaît pas le dernier mot du peintre de Séville. »

L'on comprend en sortant combien ces hardis chanoines de l'an 1400 avaient raison de résumer leur programme dans cette simple phrase : « Construisons un monument qui fasse croire à la postérité que nous étions fous. »

Mais nous passons rapidement de l'Alcazar et de ses jardins, autrefois « délices des rois Mores, » à la maison de Pilate, et de la maison de Pilate au Musée, non sans avoir jeté un coup-d'œil sur les statues et les mosaïques remarquables provenant des fouilles d'Italica.

Le Musée est un temple élevé à la gloire de Murillo.

Là sont ses chefs-d'œuvre. Là se retrouve l'expression la plus suave et la plus complète de ce génie, qu'à bon droit on a appelé le peintre immortel des *Conceptions*. Sa manière grandiose et simple, l'harmonie dans l'idée, la couleur, font sentir vivement et comprendre l'extase de l'amour divin et sa douceur dans son *Saint-François d'Assise*, comme la jeunesse immaculée et le bonheur d'avoir été choisie, dans la *Purissima*. La confiance, l'amour, l'enthousiasme, l'extase, voilà les sentiments dont Murillo est le peintre le plus parfait.

M. de Gironde vous dira tout cela et bien d'autres choses encore, avec sa compétence et une élégance de forme qui fera revivre chez vous, Messieurs, l'intensité de l'impression ressentie.

Il faut parcourir rapidement la superbe collection d'objets antiques de M. Caballero del Infante, et jeter un coup-d'œil sur les précieux autographes, les meubles artistiques, les vieilles armes de M. Gestoso y Perez.

Au dîner du soir, auquel vinrent prendre place nos aimables guides, notre distingué confrère, M. de Fontenilles, rapporta avec des détails pleins d'intérêt la part glorieuse qu'eut la sainte image de Notre-Dame de Rocamadour à ce grand fait qui a nom la bataille de las Navas de Tolosa. Le récit nous intéressa au plus haut point. M. Gestoso, feuilletant aussitôt le magnifique ouvrage qu'il a consacré à l'histoire de Séville, et qu'il venait d'offrir à la Société archéologique, traduisit la page consacrée à l'étude d'une image de Notre-Dame de Rocamadour, peinte dans l'une des chapelles de l'église de Saint-Laurent de Séville. Il avait ignoré la raison de la dévotion des Sévillans envers la Vierge du Quercy. Le fait révélé par M. de Fontenilles jetait un jour éclatant sur ce point obscur. Ainsi deux savants s'étaient rencontrés dans le même hommage de filiale et pieuse reconnaissance, et vous avez applaudi, Messieurs, comme il convenait, à cette double manifestation de la vérité, émanant, l'une de l'ouvrage d'un savant espagnol, l'autre de la bouche d'un savant français.

Pouvions-nous mieux prendre congé de ces aimables confrères Sévillans, qu'en leur laissant ce souvenir de notre visite ?

Trois jours après, le même fait devait être exposé par M. le chanoine Pottier, devant un nombreux auditoire, dans l'église de Saint-Louis des Français, à l'occasion de la fête du Rosaire. L'orateur, heureusement inspiré, a montré, au commencement du XIIIe siècle, quand saint Dominique venait d'apporter le Rosaire à la France pour combattre victorieusement l'hérésie, le religieux de Rocamadour, poussé par la vision céleste, se rendant en Espagne avec l'image miraculeuse de sa Madone, pour mettre en fuite les Mores, en 1212.

M. Tanoux, recteur de Saint-Louis, M. Célarié, son vicaire, originaire de Castelsarrasin, nous avaient procuré, en nous conviant à cet office, une vive satisfaction.

Madrid nous a retenu deux jours encore. Visiter le Musée archéologique, très remarquable, l'Académie de San Fernando, et revoir les chefs-d'œuvre des maîtres espagnols était un devoir qui s'imposait, tout en offrant un repos. Et nos visites terminées, nous partons pour Saragosse.

Après la riante plaine d'Alcala de Hénarés, la patrie de Cervantès, les roches grises et dénudées apparaissent de nouveau, couronnées par des châteaux en ruines et des tours croûlantes, dont le soleil accuse encore la tristesse et la décrépitude. Nous entrons dans l'Aragon, après avoir traversé dans sa largeur la province de Guadalajara ; et Calatayud, la patrie de Martial, nous apparaît dans le lointain comme un véritable décor d'opéra. Le soir estompait la base de la montagne, dont le sommet glacé d'or brillait dans un ciel d'apothéose, tandis que les flancs de la sierra prenaient des teintes de pourpre et de violet d'une intensité extraordinaire.

Puis le crépuscule, voila bientôt tout ce paysage, et nous arrivâmes à Saragosse à 8 heures du soir.

SARAGOSSE.

M. le chanoine Graule louera comme il convient l'exquise courtoisie de notre consul, M. Alicante, pendant que vos souvenirs se réveilleront, et que du fond de votre mémoire surgira toute l'histoire glorieuse de la capitale de l'Aragon, sur laquelle plane l'image de Notre-Dame del Pilar.

LÉRIDA.

Dans une halte rapide à Lérida, les fortifications nous apparaissent couronnant la montagne de granit. Deux fois le drapeau de la France, suivant la fortune du duc d'Orléans et du maréchal Suchet, a flotté sur ces murs, que le génie de l'homme, secondé par la nature, avait crus inaccessibles, même à des Français. Il est réservé au capitaine Poussy de nous y ramener.

TARRAGONE.

Ce fut avec une courtoisie charmante que nous fûmes reçus à Tarragone. Nous pûmes visiter en très peu de temps

tout ce que la ville renferme d'intéressant et de remarquable, grâce à l'obligeance empressée de M. José Faber,
président de la Société archéologique de Tarragone, de
M. Hernandez, directeur du Musée, et de M. le délégué
du Gouverneur de la province. M. le Gouverneur lui-même
mettant le comble à sa bienveillance, nous offre pour nos
courses un détachement de la garde civile. Si aimable que
fut son accueil, nous ne nous attendions point à cette pro-
position, et nous déclinâmes l'offre avec toutes les marques
de la reconnaissance la plus sincère.

M. le Président a, sur Tarragone, de nombreux détails
à vous communiquer, et cela suffit pour que nous quittions
cette ville sans regret.

Enfin Barcelone nous apparaît, le même soir, dans sa
ceinture de lumière.

BARCELONE.

A la différence de la plupart des villes d'Espagne, Barcelone ne s'est point endormie au souvenir de ses gloires.
Elle a pu avoir ses époques de splendeur avec ses rois,
ses héros, ses savants et ses artistes, briller par l'éclat des
fêtes de sa Cour ou la renommée de ses joutes littéraires,
rivaliser d'opulence et de luxe avec les républiques italien-
nes : ce long passé n'a point épuisé sa sève. Elle brille
toujours au premier rang par ses Académies, son Université, son École des Beaux-Arts et ses Bibliothèques. Toujours
savante, elle est aussi toujours coquette avec ses parcs qui lui
font une ceinture de fleurs, ses grands arbres qui la baignent
d'ombre, et la mer qui la berce de son murmure. Des rues
larges et droites, de somptueux édifices, de magnifiques

promenades, son luxe, son mouvement, son commerce, font de Barcelone la ville la plus importante et la plus considérable de l'Espagne. Nous visitâmes la cathédrale, le Musée archéologique, le palais de la députation provinciale, et notre soirée fut consacrée à parcourir, en voyageurs qui ont bien mérité ce délassement, cette belle promenade de la *Rambla,* que deux rangées d'arbres séculaires couvrent de leur ombre, où le mouvement est continuel, où aboutissent deux cents rues, et qu'on ne peut mieux décrire qu'en la comparant au boulevard des Italiens à Paris. La promenade de Colomb, toute plantée de palmiers, d'orangers et de lauriers-roses, se développe le long du port, que domine la colossale statue de Christophe Colomb.

Encore quelques heures de route, et nous rentrons en France, laissant à notre gauche les Pyrénées, frangées de pourpre à cette heure matinale, tandis que les voiles latines apparaissent, à notre droite, toutes blanches, sur le bleu profond de la mer.

La nuit venue, nous disons adieu à ces savants, à ces artistes qui nous avaient apporté le précieux concours de leur compétence et de leur autorité. Entre eux et nous, un lien de sympathie reconnaissante s'est formé, dont l'éloignement ne saurait diminuer le charme. Nous laissons à Toulouse le général Dusan. Pour ce vaillant, la campagne aura compté double, étant de ceux qui peuvent se reposer de glorieux travaux par le culte ardent de l'art; M. le chanoine Ulysse Chevalier, correspondant de l'Institut, nous accompagne jusqu'à Montauban. Il suffit de nommer ce savant pour que tout éloge languisse et devienne inutile. Vous l'avez acclamé membre correspondant, Messieurs, pensant à juste titre que la Société archéologique se doit à elle-même d'ajouter à sa couronne un fleuron qui en augmente l'éclat. Je ne veux louer que les absents. L'espace

qui nous sépare me met à l'abri de leur protestation.
Souffrez que je ne parle point des autres. J'y suis contraint
par la pudeur de l'amitié autant que par la difficulté de
dire la vérité sans blesser leur modestie.

Tel a été ce voyage, dont il m'est impossible de rendre
le charme bienfaisant. Si vous voulez, Messieurs, revivre
par la pensée ces heures rapides, vous n'en trouverez point
qui ne soit marquée par la douceur d'une confraternelle
sympathie, par l'attrait toujours séduisant d'un esprit cultivé
et délicat, ou par l'entrain persistant d'une verve toujours
en éveil, jetant sa note joyeuse dans ce concert toujours
harmonieux. Cette verve, cette gaieté, cet esprit, toutes
ces dispositions heureuses ne se sont jamais démenties, et
en l'absence de tout bulletin médical, elles signifiaient élo-
quemment que l'état sanitaire de la caravane est resté
excellent jusqu'à la fin.

Cette excursion a été organisée et dirigée par M. le
Président avec une activité et un zèle auxquels nous avons
été heureux de rendre hommage. Et si depuis longtemps
il n'avait gagné notre gratitude par son affection et sa
bienveillance, cette campagne, dont il eût pu rapporter une
feuille de palmier, symbole de victoire, eût suffi à la lui
conquérir. Et je ne connais pas de conquête plus douce,
plus méritoire et plus durable que celle qui s'obtient à force
de dévouement et de sollicitude pour ses frères d'armes.

Et maintenant, Messieurs, revoyez par le souvenir toutes
ces choses qui ont fatigué notre admiration ; ces palais, ces
forteresses, ces chefs-d'œuvre de l'architecture arabe et ces
cathédrales, les richesses de leur trésor, les magnificences
de leurs salles capitulaires, le luxe somptueux de leurs
chapelles royales, l'innombrable quantité de sculptures que
renferment leurs rétables ; essayez de décrire les chefs-

d'œuvre dont elles débordent, et de citer les grands noms dont elles gardent le souvenir : la tâche sera difficile. L'Espagne économe, religieuse et fière a tout conservé, — si ce n'est dans la plupart de ses nombreux monastères, — ses trésors artistiques et cette frondaison de cathédrales qu'une sève généreuse et féconde fit jaillir du sol dans des siècles de foi. Elle n'a pas émondé le moindre rameau, même mal venu, même inutile, même nuisible à toute cette végétation de pierre, dont chaque siècle augmentait la splendeur en lui imprimant son caractère. Ces temples, on ne les a pas détruits sous prétexte de les restaurer ou de les ramener à la pureté et à l'unité de style. Le bronze et le marbre touchés par le génie sont restés sacrés, et à l'égal d'une chose sainte, respectés par un peuple chez lequel un stupide vandalisme n'a point encore exercé ses ravages. Les Révolutions ont pu ensanglanter les rues ; la fureur s'est arrêtée aux portes des basiliques. Heureuse Espagne, qui aime assez ses chefs-d'œuvre pour les admirer, malgré leurs défauts, et qui, même pauvre, est fière de s'en parer comme au temps où le soleil ne se couchait pas sur ses terres ! C'est ce qu'il fallait constater ; et c'est ce que vous me pardonnerez, Messieurs, d'avoir si mal dit après l'avoir si bien vu.

Paul Fontanié.